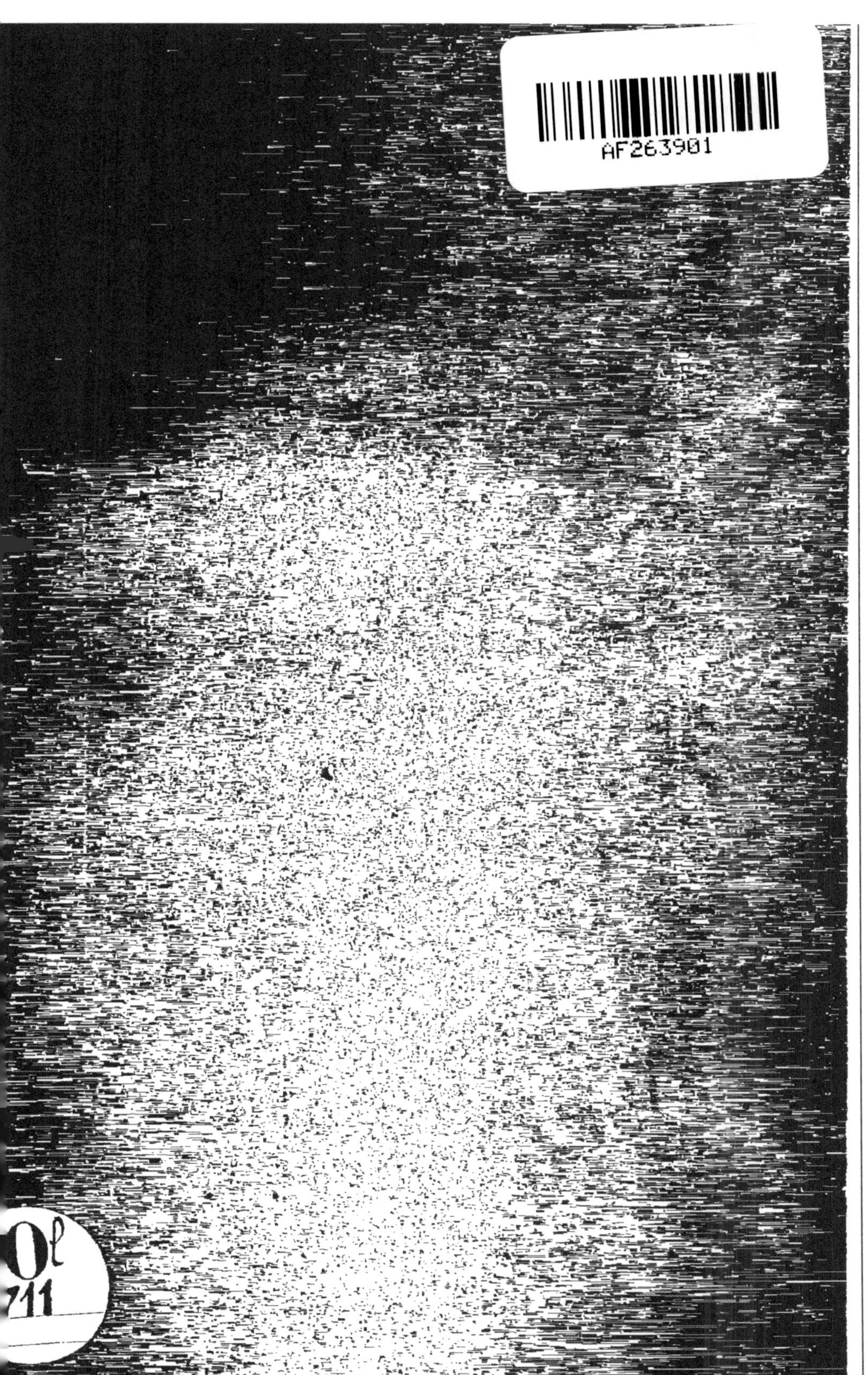

AF263901

FERNAND CORTEZ

OU LA PREMIÈRE

CONQUÊTE DU MEXIQUE

Traduit de l'Espagnol

PAR

FLORENCIO DE LECÁROS Y VICUÑA

1869

FERNAND CORTEZ

OU LA

PREMIÈRE CONQUÊTE DU MEXIQUE

TRADUIT DE L'ESPAGNOL

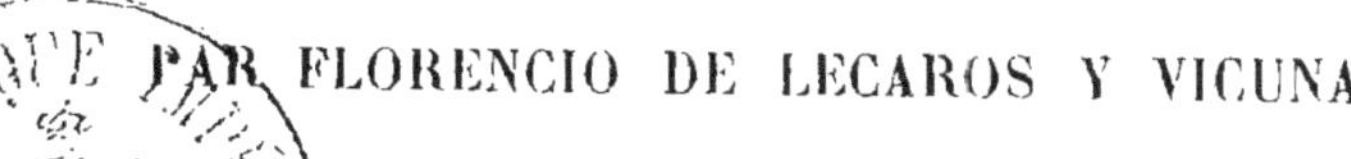

PAR FLORENCIO DE LECAROS Y VICUNA

TOULOUSE

TYPOGRAPHIE MÉLANIE DUPIN

28, RUE DE LA POMME, 28.

—

1869

FERNAND CORTEZ

OU LA

PREMIÈRE CONQUÊTE DU MEXIQUE

C'est en nous adressant aux Espagnols des deux hémisphères et en regardant nos frères d'Amérique comme membres de notre famille, puisqu'ils descendent des mêmes aïeux et participent aux mêmes gloires, que nous nous proposons de rappeler l'un des plus grands événements que présente l'histoire : la conquête du Mexique. Ce sujet a exercé les plumes d'écrivains distingués tant nationaux qu'étrangers, et, pour dire vrai, bien peu sont dignes de mériter l'attention des hommes.

Une action grande, presque fabuleuse, capable d'enflammer l'imagination d'un écrivain, offre un vaste champ où le talent peut répandre toutes ses ressources. Un chef, dont le courage surpassait tous les périls, semblait se complaire à provoquer le sort et à le maîtriser à force de persévérance et de bravoure ; en lui, la prudence égalait le courage, et la force du caractère dominait ses soldats et subjuguait les peuples qui avaient été soumis par son épée. Homme d'état, administrateur clément et inexorable, doux et sévère, en un mot un de ces personnages nés pour entreprendre et pousser jusqu'au bout de sublimes entreprises, il peut donner à l'histoire l'éclat et l'intérêt d'un poëme. Un petit nombre de soldats, mais des soldats invincibles, imitaient le dévouement de leur capitaine et participaient à ses risques, à ses fatigues, et avec une constance indomptable mettaient le comble aux projets romanesques de cette romanesque imagination. Traversant des régions inconnues, s'alliant à des peuples de coutumes et d'idiomes inconnus, luttant contre d'innombrables ennemis et se voyant très souvent près de la dernière extrémité, ils purent enrichir de ces vastes domaines le patrimoine de leur patrie.

Un des compagnons de Fernand Cortez, après avoir contribué puissamment de son épée et de ses conseils à cette conquête, voulut laisser à la postérité le souvenir de tant de prouesses. Homme illettré, écrivain inégal, diffus et incorrect, il sut nonobstant captiver l'esprit des lecteurs, intéresser à ses récits et donner l'animation et la vie aux scènes qu'il décrivait. Sa mémoire extraordinaire lui permit de raconter mille petites choses des conquérants, qui rendent les faits dignes de curiosité et nous font connaître, mieux que tout autre écrit, le caractère, les coutumes et la physionomie morale de ces hommes extraordinaires. Sa narration animée et ardente nous place au milieu de la scène qu'il décrit, nous rend contemporains de Fernand Cortez, d'Alvarado, de Sandoval, de Dona Marina; de telle sorte que nous voyons se mouvoir, s'agiter et répéter sous nos yeux les glorieux héroïsmes qui ont illustré leurs noms. La plume de Bernal Diaz, sans aspirer aux honneurs académiques, a réussi à charmer les lecteurs et à laisser le plus précieux document de tous ceux qui illustrent la conquête du Nouveau-Monde.

Avec un grand talent d'écrivain, ayant fait toutes les études de son temps et doué de tous les avantages d'un homme accoutumé à méditer, à corriger et à polir incessamment ses écrits, Solis surpasse Bernal Diaz dans l'ordre et la distribution du sujet, dans la profondeur des vues et surtout dans la culture et la perfection de son style. Son histoire laisserait peu à souhaiter, sans le désir

ardent de vouloir convertir Fernand Cortez en un héros
de roman de chevalerie, sans le ton d'exagération qui
donne un air de fausseté dans les faits , et sans le projet
ennuyeux de semer sa narration de petites conceptions
dans lesquelles presque toujours il personnifie les qualités morales. La plus grande partie des défauts de Solis
proviennent de son temps ; le mauvais goût de ses contemporains contribua à faire ses vers prosaïques et à rendre
sa prose hors de raison. Celui qui voudra pourtant étu-
dier cette époque singulière et connaître ces hommes
courageux, superstitieux, chevaleresques, ambitieux,
doit préférer les pages négligées de Bernal Diaz aux pério-
des compassées de Solis.

Les Espagnols n'ont pas été les seuls qui se soient
dévoués à transmettre à la postérité les héroïques prouesses des conquérants du Mexique. Un écrivain anglo-
américain très distingué, M. W. Prescott, estimé déjà
pour ses travaux sur la période la plus notable de nos
annales, a voulu aussi appliquer la critique et la philosophie modernes aux gloires des Espagnols dans le Nouveau-Monde, et j'ose assurer que sa plume se montre
plus vigoureuse, plus pittoresque et plus brillante que
dans le récit du règne des rois catholiques. Après avoir
étudié et discuté son sujet avec le soin et le profond ju-
gement qui le caractérisent, il s'est mis à raconter les faits
avec la plus scrupuleuse impartialité, louant les exploits,
rendant justice aux vues élevées de Fernand Cortez ;
mais critiquant les excès des conquérants et cela sans la
froide morgue d'une philanthropie exagérée et hypocrite.

Grande reconnaissance est due par les Espagnols au zèle
remarquable de M. Prescott, pour les sympathies qu'il
manifeste en faveur de la nation espagnole et pour le
soin qu'il a pris de se rendre compte de l'histoire et de
la civilisation espagnole. Si les écrivains étrangers font
plus d'une fois des erreurs grossières, à cause de la pré-

cipitation avec laquelle ils jugent, n'ayant que de minces notions sur les choses, l'auteur de l'histoire du règne des rois catholiques se trouve exempt de cette tâche et ne le cède à aucun Espagnol dans la connaissance des faits qu'il décrit.

Mais revenons à Fernand Cortez et à sa conquête, et donnons avant tout une idée de l'état social des habitants de ces régions éloignées.

N'allons pas croire que la race indigène se composât, dans le Mexique et dans les états voisins, de tribus plus ou moins sauvages, dont l'aliment fût la chasse et dont la vie errante ne leur permît pas de monter le premier échelon de la civilisation sociale. Il n'en était pas ainsi dans les régions qui servirent de théâtre aux prouesses de Fernand Cortez. C'étaient des peuples agriculteurs, des villes opulentes ayant une religion barbare qui avait atteint un degré très élevé de pureté théologique, des gouvernements réglés et variés dans leurs formes, depuis la république fédérative de Tlascala jusqu'à la monarchie presque absolue de Mexico, et tout l'apparât et la pompe nécessaires pour que le pouvoir subjuguât l'imagination des hommes. Ils avaient leurs lois, leurs armées, et menaient la vie agitée des états européens. Les arts étaient aussi arrivés à une certaine perfection, et, dans quelques travaux délicats, ils employaient l'or, l'argent et les plumes, dans lesquels ouvrages les Espagnols avouaient eux-mêmes leur infériorité ; en un mot, ils avaient atteint toute la civilisation qu'on peut avoir sans l'usage du fer et de l'alphabet.

Au milieu de plusieurs nations remarquables par leurs qualités guerrières et par leur état plus ou moins florissant, se faisait distinguer le riche et populeux empire de Montezuma. Sa capitale se trouvait au milieu d'un grand lac ; elle communiquait seulement avec le continent par le moyen de chaussées coupées de différents ponts. Sa situation la rendait inexpugnable et lui permettait de donner une base solide et sûre aux opérations militaires et à toutes les mesures qui pourraient contribuer à perpétuer sa suprématie. Ainsi, Mexico était l'âme de la confédération dont elle faisait partie et la terreur de ses ennemis. Une politique avisée et prévoyante venait en aide à ses ressources naturelles et transformait cette ville en métropole de l'Amérique du Nord. Elle était en guerre perpétuelle avec les voisins. Tantôt, c'était l'ambition qui amenait les hostilités; tantôt, l'intérêt de sa propre défense, et très souvent (cela est digne de remarque) la nécessité d'avoir des prisonniers pour faire des sacrifices aux autels de ses idoles. Ces sauvages divinités ne s'apaisaient qu'avec la vapeur du sang humain fraîchement répandu, et le cœur des victimes était l'encens qu'on brûlait dans leurs oratoires. D'après toutes les relations, le nombre des sacrifices dans l'empire s'élevait, chaque année, à vingt mille victimes, et dans diverses fêtes solennelles on offrait plusieurs centaines d'hommes. Quand on consacra le temple du dieu de la guerre, soixante mille victimes furent immolées dans différents jours consécutifs. Les Mexicains croyaient qu'il était si nécessaire d'apaiser la colère céleste avec de telles et effroyables expiations, qu'il arriva un moment où il se livra une bataille entre deux nations amies, sans que l'issue du combat eut la moindre influence sur le sort des deux puissances belligérantes; on se borna seulement, de part et d'autre, à recueillir des prisonniers pour les offrir devant les autels. Comme on demandait à Montezuma comment il permettait l'existence de la république de Tlascala qui envahissait incessamment ses frontières, il répondit : à cause de la nécessité où nous sommes de faire des prisonniers pour les sacrifices. A tel point sont aveuglés les yeux de la raison par la superstition que favorise l'habitude, et seulement ainsi peuvent se perpétuer des usages si répu-

gnants et si contraires aux sentiments du cœur humain!
La civilisation du Mexique serait digne d'être citée avec
éloge et d'être mise en parallèle avec celle des empires
les plus florissants de l'Asie, si cette tâche ineffaçable
de sang n'en obscurcissait l'éclat.

Ses habitants ne soupçonnaient pas que pendant qu'ils
obéissaient à leurs rois, qu'ils adoraient leurs idoles
et qu'ils terminaient leurs querelles avec des armes éga-
les contre des ennemis égaux, ils ne soupçonnaient pas,
disons-nous, que d'autres hommes plus forts, plus au-
dacieux, plus intelligents et surtout mieux armés, devaient
traverser les mers et dévaster ces lointaines régions.
Il existait néanmoins parmi eux une tradition un peu
obscure, disant : qu'il viendrait des hommes de l'Orient
qui devaient les conquérir. Cette prédiction est, sans
aucun doute, du nombre de celles qui sont faites après
coup et qui consistent à altérer le sens des paroles
prononcées antérieurement en les accommodant aux succès
postérieurs ; elle inquiéta néanmoins l'esprit de Montezuma, brisa son courage et le rendit l'instrument passif
des Espagnols. Mais le peuple ignorait cette tradition et
il vendit bien cher son indépendance à l'odieux étranger.

Tandis que Montezuma s'abandonnait dans son palais
à tout genre de délices, tandis qu'il faisait ostentation
devant ses vassaux et devant les nations peu connues,
de son luxe et d'une pompe digne d'un grand et opu-
lent souverain, un jeune homme obscur, mais doué d'une
âme énergique et fougueuse, traversait l'Atlantique et se
dirigeait vers l'île de Saint-Domingue, cherchant des
aventures ou bien la fortune. Pour comprendre les passions
qui agitaient son cœur et les mobiles de sa conduite,
il est indispensable de placer ici quelques réflexions sur
l'état des esprits à cette époque en Espagne, et de nous
fixer sur l'opinion dominante en ce temps-là.

La Péninsule était envahie par les Arabes ; alors une

lutte était engagée entre les deux races ; elle ne pouvait se terminer que par l'absolue extinction de l'une ou de l'autre des deux nations. Les deux races étaient fanatiques, toutes deux étaient animées par des haines et des passions irréconciliables. Il n'était pas possible que le temple du Crucifié fût dressé à côté de la mosquée, que le drapeau de la Croix flottât à côté de celui de Mahomet. De là est sortie cette guerre à mort que le christianisme jura aux sectaires du Prophète, guerre suspendue quelquefois pour recommencer bientôt avec plus de fureur qu'auparavant. Ces luttes de huit cents ans créérent dans les Castillans cet esprit aventureux qui distingue les chevaliers espagnols du moyenâge. Le courage devait être, dans de telles circonstances, la première vertu d'un homme, parce que à ce courage était due l'existence et le futur agrandissement des sociétés nouvelles. Ainsi, au courage se proportionnaient la fortune, les distinctions et la considération sociales.

Habitués depuis leurs premières années à dévaster le territoire des infidèles, à saccager leurs villes et à s'enrichir de leurs dépouilles, les jeunes Hidalgos, pleins de fougue, ne connaissaient pas d'autre moyen de satisfaire leur ambition que de s'engager dans des expéditions périlleuses et de les surmonter à force de courage et de persévérance. Les périls avaient perdu toute leur horreur, les fatigues n'abattaient pas leurs membres endurcis, et exposer sa vie, chercher les grandes émotions de la victoire, propager et faire triompher la foi étaient devenus la nécessité des cœurs nobles et généreux. Tous les plus grands encouragements qui peuvent agiter le cœur humain : l'émulation, l'ambition, l'amour, la gloire, se réunissaient pour soutenir cette ardeur fébrile qui bouillonnait dans les veines des Espagnols.

Tant que les mahométans occupèrent le territoire espagnol, ce désir de gloire, cette ambition d'honneurs et de richesses trouvaient satisfaction dans la Péninsule.

Mais, une fois le musulman chassé, l'ardeur des Castillans n'aurait pas trouvé d'aliment, si la découverte d'un Nouveau-Monde n'avait pas coïncidé avec leur expulsion de la Péninsule. Les passions changèrent alors de théâtre, et aux incursions qui les occupaient auparavant succédèrent les voyages en Amérique, où, avec la même fermeté et la même intrépidité, allait à la recherche de terres ignorées, de mines inépuisables, un essaim de jeunes gens. Cette pépinière de cœurs indomptables et courageux dota l'Espagne de riches et immenses possessions que, jusqu'à nos jours, elle a conservées. Parmi les jeunes gens qu'avait attirés la réputation de ces nouvelles régions se trouvait Fernand Cortez, âgé de dix-neuf ans. Il avait commencé ses études à Salamanque ; mais on n'a pas constaté, quoiqu'il y en ait qui l'assurent, qu'il soit arrivé jusqu'au titre de licencié. Il débarqua à Saint-Domingue, et, après quelques faits de peu d'importance, il prit le commandement d'un corps expéditionnaire pour aller à la découverte de terres nouvelles, et dans ce but il partit avec sa petite armée.

L'histoire ne raconte pas dans aucune de ses pages antérieures qu'on ait fait la conquête d'un pays avec un aussi faible nombre d'hommes.

Arrivé au cap Saint-Antoine, il compta ses troupes et trouva qu'il avait avec lui, sous ses ordres, cent dix matelots, cinq cent cinquante-trois soldats européens, deux cents Indiens avec quatorze pièces d'artillerie et seize chevaux. Pour tenter des expéditions semblables, il fallait avoir de l'audace ; mais dans ce temps presque tous les Espagnols n'en manquaient pas. Pour entreprendre avec de si minces ressources la conquête de peuples belliqueux bien organisés, être victorieux dans des batailles rangées d'armées nombreuses et fort aguerries, pour prendre des villes et ajouter de vastes empires à une métropole située à une si grande distance, il ne suffit pas de l'énergie ni du courage, il faut avoir du génie, et en génie Fernand Cortez surpassa tous ses contemporains. Ferdinand le Catholique, mort en 1516 ; Gonzalve de Cordoue, mort en 1515, et Christophe Colomb, mort en 1506, peuvent, il est vrai, lui être comparés, et encore ceux-là appartiennent-ils à une époque un peu antérieure, puisque Fernand Cortez ne s'embarqua qu'en 1519 ; de telle sorte que Cortez, au moment où il accomplit ses prouesses, n'avait pas de rival en Espagne, si ce n'est Charles-Quint lui-même.

Avec les faibles ressources que nous indiquions plus haut, Fernand Cortez débarqua sur le continent, s'empara de vive force de Tabasco, et mit en déroute, après une bataille rangée, une armée de vingt mille hommes qui était accourue pour l'empêcher d'aller plus avant. Là, il commença à manifester le désir de propager la foi, trait caractéristique de tous les cœurs vaillants de son époque. Dès le berceau, la religion enflammait de son zèle ardent le cœur de tout Espagnol, et ce zèle le dévorait toujours malgré les passions mondaines. Au milieu du fracas des combats, au milieu des instigations de l'ambition et de la cupidité, la voix de la religion se faisait entendre, surtout dans Fernand Cortez, et c'était le premier mobile de sa conduite. Son imagination était si préoccupée par cette idée, que le tolérant père Bartholomé d'Olmedo eut à modérer plusieurs fois l'excessive ardeur de Cortez, et à lui apprendre qu'il n'était pas juste ni convenable de précipiter les conversions ; qu'il ne pouvait rendre chrétiens fermes et sincères des hommes que, ni la conviction, ni la connaissance des vérités religieuses n'avaient point suffisamment préparés.

Animé de tels sentiments, à peine eut-il dispersé la première armée, qu'il songea à convertir à la religion chrétienne les habitants de Tabasco. Les Indiens, épouvantés par les prodiges qu'ils voyaient faire aux Espagnols

par leur courage téméraire et plus encore par l'aspect
des chevaux, les regardaient comme des êtres surhumains
et leur Dieu comme supérieur à toutes les divinités. Ils
renoncèrent donc sans répugnance au culte de leurs idoles,
et, sans la comprendre, adoptèrent notre religion. — Il
passa ensuite par le lieu où s'élève le fort de Saint-Jean
d'Ulloa et y fonda la Villa-Rica de Vera-Cruz. Cortez
n'était pas un guerrier dont l'office fût de détruire ; il
se regardait aussi comme obligé de conserver et de construire. Nous le verrons plus tard verser des larmes sur
les ruines de Mexico, sur les ruines que l'obstination de
ses ennemis l'avait obligé de causer, et dès qu'il resta
vainqueur, il ne permit pas que le drapeau de Castille
flottât sur des ruines, mais sur de somptueux édifices,
supérieurs aux anciens. Il ne voulut pas que l'indigène
pleurât la dévastation d'un barbare, mais qu'il reconnût
la main de l'homme civilisé, améliorant tout ce qu'il
touche et réparant avec avantage les dommages que l'abus
de sa supériorité occasionna.

Fernand Cortez, alarmé par une conspiration qui avait
pour objet d'abandonner l'entreprise commencée, voulut
rompre cette entente et ôter à ses soldats jusqu'à l'espé-
rance de retourner dans leur patrie avant de terminer
cette conquête. Il conçut alors le projet de détruire les
vaisseaux, projet qui, quoiqu'il n'ait pas le mérite de la
nouveauté, n'en est pas moins glorieux pour Cortez,
comme s'il avait été le premier qui en eût conçu l'idée.
Les actions héroïques, les grands sacrifices ne tirent pas
leur éclat de l'invention, mais de la force d'âme nécessaire
pour les exécuter.

L'abnégation du sentiment paternel de Guzman le Bon
et l'alternative de vaincre ou de mourir imposée à son
armée par Fernand Cortez, ne sont pas moins méritoires,
quoique d'autres l'aient fait avant eux. Si Tarick brûla
ses vaisseaux en mettant pied à terre sur le territoire

espagnol, si Guillaume les détruisit quand il débarqua en Bretagne, l'un et l'autre se trouvaient à peu de lieues de leur patrie et pouvaient facilement s'en retourner. Mais les conquérants du Mexique savaient très bien l'impossibilité dans laquelle ils étaient de recevoir des secours s'ils étaient vaincus, et ceux qui ne mouraient pas sur le champ de bataille devaient s'attendre à voir offrir leur cœur en offrande à des idoles avides de sang humain.

Cet acte héroïque terminé, il se dirigea vers la belliqueuse et indomptable république de Tlascala, dont il vainquit les armées dans trois batailles rangées. La haine se changea en amitié; les Espagnols furent reçus triomphalement dans la capitale, où fut contractée une alliance qui ne fut jamais démentie entre les deux nations. Ici encore Fernand Cortez tenta d'employer la force pour réduire les Indiens à embrasser la religion catholique; mais la prudente tolérance du Père d'Olmedo modéra son fanatisme et il se borna à user de persuasion. Sans le bon sens de ce religieux, le zèle violent de Fernand Cortez aurait pu faire échouer en plus d'une occasion l'issue de l'entreprise.

Après son arrivée à Mexico, il eut l'intention de convertir Montezuma et, par son influence, tous ses sujets. Le bon Père eut à réprimer les élans de la colère du capitaine, qui éclatait avec plus de force en voyant la résistance de l'empereur.

Pendant qu'il était à Tlascala, il reçut une ambassade de Mexico l'invitant à se rendre à la capitale, avec prière de passer par la riche et pacifique ville de Cholula. Cortez, sans hésiter, se mit en marche à la tête de sa petite armée et de six mille Tlascaltecas à peu près. Mais l'intention de Montezuma était bien loin d'être pacifique. Désespérant de vaincre les Espagnols par la force, il voulut employer contre eux la perfidie et les faire tomber dans une embuscade habilement disposée. Par son ordre, les rues de Cholula furent interceptées avec des fossés et des pieux, afin que, au moment où la population attaquerait et taillerait en pièces les étrangers, embarrassés au milieu de tant d'obstacles, une armée de vingt mille mexicains, embusqués dans le voisinage de la ville, passât au fil de l'épée ceux qui résisteraient et prît vivants les autres pour les immoler à leurs dieux.

Heureusement on découvrit à temps la conspiration, et Cortez voulut faire expier à ceux de Cholula leur attentat. Il appela les principaux Caciques et leur demanda deux mille tamenes ou indiens de charge pour leur marche. Réunis les uns et les autres dans la grande cour du temple où se trouvaient logés les Espagnols, ces malheureux, à un signal convenu, furent égorgés. Au fracas des armes accourut le peuple furieux ; il tenta de pénétrer de vive force ; mais repoussé par les troupes qui défendaient l'entrée et attaqué par derrière par les Tlascaltecas, prévenus à l'avance, il cessa le combat, et alors eut lieu une horrible boucherie. Les Espagnols, poussés par un sentiment de vengeance, et leurs alliés par leur naturelle férocité, rassasièrent les uns et les autres leur soif de sang, épargnant seulement les femmes et les enfants, brûlant les maisons et les temples de la ville que les Américains regardaient comme le principal siége de leur religion.

Ce n'est pas mon intention d'excuser cet acte de cruauté, qui jusqu'à un certain point n'était pas nécessaire. La trahison découverte, les principaux promoteurs devaient être châtiés, et devait être pardonnée la multitude, instrument aveugle des Caciques. Mais on est forcé d'avouer que si l'indulgente philosophie trouve à reprendre à la conduite de Cortez, elle est justifiée entièrement par le

droit de la guerre pratiqué jusqu'à nos jours par les gé-
néraux des nations les plus civilisées, et sa conduite
passerait pour indulgente si on devait la juger d'après les
coutumes admises parmi ses ennemis. L'unique chose que
je trouve inexcusable, c'est la perfidie de convoquer les
deux mille indiens de charge et de les avoir fait assassiner, enfermés entre les murailles de la cour, comme
s'ils eussent été des bêtes féroces. Une fois que les Espagnols eurent été délivrés de cette embuscade si traîtreu-
sement ourdie, Fernand Cortez reçut de nouveaux ambassadeurs de Mexico, excusant l'empereur et disculpant
sous des prétextes spécieux la proximité de l'armée. Cortez
feignit de rester satisfait de ces raisons, et sans plus
tarder se dirigea vers Mexico, où il fut reçu avec les
plus grands honneurs par l'empereur et la fleur de la
noblesse. La détermination d'entrer avec de si petites
forces dans la capitale de Montezuma me semble téméraire.
Si l'intention de Cortez était de conquérir Mexico, il aurait
dû déclarer ouvertement la guerre, profiter des alliances
que lui offraient presque tous les États, réunir une grande
armée et attaquer la capitale dont la tyranique domination
excitait la haine des nations subjuguées.

Il réalisa ce plan après avoir été chassé de Mexico, après
que ses troupes étaient battues et cruellement anéanties;
or, il eut été plus facile de le mettre à exécution quand
il venait de frapper les esprits par le châtiment de Cholula, quand ses ennemis n'étaient pas habitués à voir les
Espagnols et quand on les regardait encore comme invincibles.

Les grandes batailles soutenues contre les Tlascaltecas
durent lui faire connaître la force et le courage des Américains et l'imminent danger qu'il avait couru dans une
bataille, danger dont il sortit miraculeusement grâce à la
rivalité des chefs ennemis qui éclata au plus fort du
combat, aurait dû le rendre plus prudent et l'empêcher

de s'aventurer aux mains de ses ennemis. Les Tlascaltecas, plus sensés, essayèrent en vain de le détourner de ce dessein, lui exagérant les immenses ressources et le caractère belliqueux de Montezuma, et lui faisant remarquer la situation dangereuse de Mexico, entouré de tous côtés d'eau et communiquant avec le continent seulement par des chaussées interrompues par intervalles par des ponts, où il se verrait enfermé comme dans une souricière. Il ne tarda pas longtemps à connaître sa position critique, quand il ne pouvait reculer sans diminuer sa réputation d'invincible.

Il se vit séparé par les eaux, sans secours et au milieu d'une population belliqueuse, à l'aide de laquelle viendraient encore toutes les forces de l'empire. Alors il reconnut qu'il ne devait pas se reposer sur la parole et sur l'apparente bienveillance de Montezuma; car il lui avait donné une preuve de sa mauvaise foi dans la ville de Cholula.

Ses craintes se réalisèrent en partie quand furent assassinés, par ordre de Cualpopoca, général mexicain, deux espagnols de la garnison de Vera-Cruz, et quand, au lieu de recevoir réparation de cette injure, le gouverneur Escalante eut à soutenir une bataille rangée dans laquelle furent mortellement blessés et moururent peu après Escalante lui-même et six soldats. La criminalité s'augmentait avec la circonstance plus grave d'avoir fait prisonnier et mis à mort un nommé Arguëllo, dont la tête fut envoyée à Montezuma.

A peine Fernand Cortez l'eut-il appris, qu'il se hâta de mettre à exécution le projet qu'il avait conçu et qui était déjà approuvé par ses capitaines, d'emmener l'empereur de gré ou de force au palais où les Espagnols logeaient. Pendant le jour, au milieu de sa cour et de ses gardes, fut arrêté Montezuma et conduit prisonnier à la caserne où se trouvaient ses mortels ennemis les Tlascaltecas. Là, par son ordre, fut conduit prisonnier Cualpopoca ; là, il fut jugé et condamné. Pendant qu'il brûlait sur le bûcher ainsi que ses principaux subalternes, avec des anneaux en fer aux pieds, Montezuma assistait à l'exécution.

En attendant, Diègue Velasquez, gouverneur de Santiago de Cuba, qui avait fait les apprêts de l'expédition, se voyant trompé dans ses espérances, fit un autre armement bien supérieur en forces pour soumettre les conquérants et pour rendre son premier caractère à l'expédition projetée, caractère tout commercial, auquel le génie de Fernand Cortez avait donné un caractère religieux et conquérant. A la tête de ces troupes nouvelles, venait Pamphile de Narvaez, homme bien loin d'égaler son adversaire en audace et en talents militaires.

A peine fut-il instruit du débarquement de Narvaez, que Fernand sortit précipitamment de Mexico, laissant dans sa caserne deux cent quarante espagnols ; avec l'artillerie, et avec deux cent soixante-six hommes, il marcha au-devant de Narvaez, qui avait à ses ordres neuf cents espagnols et mille indiens.

Cortez entra d'abord en négociations, et il réussit à démoraliser les troupes ennemies ; puis il les surprit au milieu de la nuit et les dispersa. Ayant fait prisonnier Narvaez, il se mit à la tête des deux armées.

Mais la fortune, qui se complaît à troubler les dons qu'elle dispense à ses favoris, lui avait préparé, au moment où il savourait son triomphe, la nouvelle de la révolte de Mexico, au milieu de laquelle Alvarado et ses soldats se trouvaient dans la plus grande extrémité.

Immédiatement il partit pour venir à leur secours, et il pénétra par les silencieuses rues de la capitale à la tête de son armée. Là, il apprit la révolte motivée par la cruelle imprudence d'Alvarado, qui avait voulu détruire les conspirations vraies ou fausses qu'on lui avait annoncées, en assassinant la fleur de la noblesse qui, par sa permission, se livrait au plaisir de ses fêtes religieuses. Sa conduite brutale réveilla l'orgueil des indiens, et les amena à réfléchir sur le petit nombre de leurs tyrans et sur l'immensité de leurs propres ressources. Ils prirent donc les armes et assiégèrent les Espagnols dans leurs casernes.

Dans un semblable danger, la bravoure de Cortez ne se découragea pas ; au contraire, il essaya, avant de commencer la retraite, tous les moyens que son courage et sa sagacité lui dictaient.

Il repoussa les différents assauts ; il fit des sorties, se rendit maître, après un sanglant combat, du temple principal ; il commença les négociations et contraignit Montezuma à désarmer ses vassaux par sa présence et ses paroles.

Ce fut en vain : l'acharnement continua, mêlé de succès et de revers. Mais la lutte épuisait les forces des Espagnols, tandis que les Américains, remplacés toujours par des troupes fraîches, renouvelaient avec une plus grande vigueur les attaques. Les négociations n'aboutissaient à rien avec des hommes si cruels, qui comptaient sûrement anéantir leurs ennemis, et les paroles de Montezuma eurent pour toute réponse des sifflets de mépris ; les indiens lui lancèrent même toute sorte d'armes, le blessèrent mortellement et amenèrent sa mort. Se voyant attaqué par une multitude toujours renaissante, et sachant qu'on avait coupé les ponts et les chaussées, Cortez vainquit sa propension naturelle à dominer de front tous les obstacles ; il se détermina à abandonner Mexico. A minuit, sans opposition, presque sans être entendu, il traversa l'armée et la ville et arriva aux chaussées. Dans ce moment, résonna le cri d'alarme parmi les Indiens qui volèrent tous au combat. Tout-à-coup le silence de la nuit fut troublé par le bruit d'une multitude de guerriers qui étendaient leurs ailes pour atteindre les Européens détestés. La pureté du ciel, réfléchie par les tranquilles eaux du lac, se vit troublée par le battement continu des rames, et un nombre immense de pirogues se dirigea sur tous les points à travers les ténèbres de la nuit, comme une nuée de corbeaux impatients qui voient leur proie leur échapper.

Ils approchent enfin leurs pirogues de la chaussée, débarquent les guerriers qui étaient sur leurs bords et commencent à faire pleuvoir sur les Castillans toute sorte de projectiles. Quelques-uns gravissent la chaussée et s'opposent à la sortie, en attendant que les principaux bataillons attaquent de front. Après beaucoup d'efforts, les Espagnols arrivent au premier pont coupé et en ayant lancé un autre en planches qu'à ce dessein ils avaient construit, ils réussirent à le passer avec leur artillerie et leurs équipages.

Cependant la tête de la colonne arriva après un sanglant combat à la deuxième coupure, et elle attendit immobile que les autres lui fissent passer le pont en bois. Mais celui-ci s'était enfoncé de telle façon que les forces humaines ne pouvaient suffire à le soulever, à cause du poids de l'artillerie. Durant ce temps, l'ennemi, sûr de sa proie, attaquait avec fureur ceux qu'il regardait déjà comme victimes de ses dieux. Alors le combat se ralluma avec plus de fureur qu'avant. Les Mexicains du fond de leurs pirogues, criblaient les Espagnols et leurs alliés les Tlascaltecas avec leurs flèches, et d'autres au même temps, ayant sauté sur la chaussée, attaquaient sur les flancs, sur le front et sur l'arrière-garde, l'imprudente armée qui avait osé pénétrer dans la capitale de l'empire. Le désespoir allumait le courage des uns, pendant que la résistance enflammait les autres. Dans une telle confusion, il n'était pas possible de commander ni d'obéir, chacun pensait à sa propre défense. L'instinct de la conservation sans doute obligea les Espagnols à se réunir en groupes de quarante à cinquante pour s'ouvrir un passage et continuer leur chemin. Les épées castillanes blessaient sans pitié et tuaient par centaines les Mexicains mal armés; mais elles ne diminuaient pas pour cela cette multitude toujours renaissante. Déjà le bras se lassait pour l'attaque, et déjà les jambes vacillaient pour la fuite, quand l'amas de ceux qui tombaient dans la coupure du pont et les cadavres qu'ils lancèrent ensemble avec l'artillerie et les équipages, formèrent un pont qui n'était pas très sûr ni fort commode, mais qui facilita le passage à plusieurs, tandis que les chevaux pris par les rênes traversaient le lac à la nage. Sur le second fragment de la chaussée, ils eurent une poursuite moins active. Le désir du butin, la croyance qu'avaient les chefs mexicains que les Espagnols ne pourraient traverser le second fossé et le carnage qui s'acharnait à l'arrière-garde, donnèrent le temps à Cortès et à quelques soldats d'arriver au troisième canal. Ils le traversèrent après une petite résistance, les uns à la nage, les autres en se tenant aux chevaux. Déjà ils se croyaient près du continent, quand il se répandit le bruit qu'Alvarado et les troupes qui couvraient l'arrière-garde étaient entourées. Le cœur courageux de Cortez ne lui permit pas de rester oisif spectateur de cette catastrophe; il se lança sans hésiter à l'eau, exhortant les autres à suivre son exemple. Ils traversent de nouveau le fossé et parcourent la chaussée, en foulant aux pieds tout ce qu'ils trouvent, jusqu'à ce qu'ils aient dégagé leurs amis qui, avec une grande difficulté, rejoignent leurs compagnons.

Une fois hors du lac, Cortez vit quels étaient ceux qui avaient échappé à cette déroute; alors il reconnut le danger de sa triste situation, il vit alors sa petite armée détruite et la plupart de ses soldats morts sur le champ de bataille ou réservés par les Indiens pour apaiser avec leurs cœurs la colère des dieux offensés. Il n'était plus qu'à la tête d'une poignée de fugitifs, mal armés et pleins de terreur. Il avait perdu ses bagages, son artillerie et toutes les autres armes à feu, et il ne comptait plus pour s'échapper du milieu du territoire ennemi et des immenses armées qui l'environnaient que sur la force de quelques soldats exténués et sur l'aide du ciel. D'abondantes larmes baignaient ses joues, sa tête reposait sur ses nerveuses mains, et sa physionomie exprimait, non pas le découragement, mais une profonde tristesse.

Manquant de vivres, combattant toujours et brisés de fatigue, ils continuèrent leur retraite pendant sept jours. Déjà ils se voyaient proches de la terre hospitalière de Tlascala, déja ils se considéraient comme en sûreté, déjà ils sentaient renaître leurs forces et déjà ils comptaient peut-être se venger de leurs cruels ennemis, quand ils se préparaient à descendre dans la vallée d'Otumba (1), ils la trouvèrent occupée par une armée innombrable de mexicains qui leur fermait le passage.

Vaincre avec une si petite troupe plus de cent mille combattants qui leur avaient coupé le passage paraissait impossible; mais, si on n'attaquait pas tout de suite, ils étaient sûrs d'être tous tués, et la valeur de Cortez ne connaissait pas de défiance. Sans hésitation, il prit le seul moyen qui pût le sauver : celui d'attaquer cette multitude et de s'ouvrir un passage de vive force.

Il harangue ses soldats, se met à leur tête et tombe sur l'ennemi qui s'élance aussi à leur rencontre. Les deux armées s'entrechoquent et les Indiens cèdent, en ouvrant un large passage aux Espagnols, qui s'engagent de plus en plus dans cette mer sans rivage. L'armée

(1) Avant d'arriver à cette vallée se trouvaient les pyramides de Teotchuacan, et, comme observe Prescott, Cortez aurait pu dire aux siens, ainsi que Napoléon en Egypte : « Soldats, du haut de ces pyramides quarante siècles vous contemplent » ; mais, ajoute le même écrivain, la situation des Espagnols était trop critique pour les déclamations théâtrales. »

américaine enferme les Espagnols et les entoure de tous
côtés. L'épée du fantassin se teint à chaque moment du
sang payen, pendant que la cavalerie faisait céder tous
ceux qui opposaient une vaine résistance. Mais les Espagnols fatiguaient leurs bras, sans pouvoir anéantir leurs
adversaires; les chevaux s'épuisaient dans des charges
stériles qui ne diminuaient en rien le nombre des ennemis.

Entourés de cadavres, mais attaqués à chaque moment
par des troupes fraîches, les Espagnols étaient à bout
de forces. Le cheval obéissait avec difficulté à l'éperon,
et les hommes manquaient pour ainsi dire de vigueur
pour se tenir debout, quand Cortez, qui avait vaincu
depuis le commencement en privant les ennemis de leurs
chefs, en chargeant les siens de blesser au plus tôt les
officiers Américains, avisa le général mexicain porté
sur un palanquin et entouré de sa garde. Tout de suite
il reconnaît que le succès de la bataille dépendait de la
mort de ce cacique, et, sans plus tarder, il réunit ses
plus braves chevaliers, il se place à leur front ; puis, au
cri de *Saint Jacques!* il s'élance au milieu des bataillons opposés, les sépare, les met en fuite et ne s'ar-
rête que lorsqu'il se trouve près de la victime qu'il a
choisie. La garde épouvantée se disperse, et Cortez
abat d'un coup de lance le cacique Cihuaca, qui tombe
avec le drapeau de l'empire. Alors, Jean de Salamanque
descend de cheval, coupe la tête au général ennemi,
relève le drapeau du sol et le présente à son chef.

Cette prouesse décida du sort de la journée. Les
Mexicains sont épouvantés à la vue d'un tel courage, et
ceux qui peu avant offraient leur poitrine au fer Castillan fuient, en se dispersant, loin de celui qui venait
d'accomplir un fait supérieur à la force humaine. Eton-
née, la multitude se précipite sur les plus proches, et
bientôt cette terrible armée se change en une mêlée con-

fuse; les uns refoulent les autres, et tous augmentent mutuellement leur terreur. L'Espagnol et le Tlascalteca se ranimèrent en voyant fuir leurs adversaires; ils se mirent à frapper et à poursuivre leurs ennemis, sans songer à la fatigue et à la faim qui les tourmentaient peu avant. Chargés de butin, et pleins d'orgueil à la suite de cette victoire due à la bravoure et au génie de Cortez, ils rentrent dans le territoire de Tlascala où ils trouvèrent le même enthousiasme et la même affectueuse hospitalité que précédemment. C'est là, à mon avis, le plus glorieux fait d'armes de tous ceux que les Européens ont accompli lors de la découverte et de la conquête des Amériques. Ici, dans le combat, il n'y eut pas de choix : l'armée conquérante n'avait d'autre alternative que celle de périr ou de passer sur les cadavres des Mexicains. Mais ce qui rehausse la valeur espagnole, c'est de ne pas s'être découragée dans un si inégal combat, de ne pas s'être désordonnée dans une lutte si longue et contre des troupes qui se renouvelaient à chaque moment. Ils n'avaient plus d'armes à feu, et seuls les vingt-huit chevaux qui leur restaient démontraient la supériorité européenne. Entourés d'une multitude toujours croissante, ce n'était pas de la force de leurs bras déjà fatigués, mais de la faveur du ciel qu'ils espéraient leur salut.

Que dirons-nous du chef ? Comme soldat, il n'y en eut pas de plus courageux ; le premier à l'attaque, il lançait son cheval au milieu d'une forêt de piques, ouvrant passage à ceux qui le suivaient. Comme général, nous louerons ici, comme toujours, son imperturbable sang-froid, sa confiance dans la réussite, son irrésistible impétuosité dans l'attaque. Mais dans cette bataille nous remarquerons non-seulement sa prévision de conseiller à ses soldats de frapper de préférence les chefs ennemis, mais surtout l'incomparable prouesse qui sauva son armée et mit un terme au combat. Dans d'autres occa-

sions, la victoire fut due en grande partie au courage des
troupes ; mais la bataille d'Otumba fut gagnée par Fernand Cortez seul.

Triomphants et chargés de butin, les Espagnols arri-
vèrent à Tlascala, où ils reçurent les mêmes marques
d'amitié qu'antérieurement. Ils se refirent au milieu de
leurs alliés et soignèrent leurs blessures. Cortez, qui se
trouvait gravement blessé d'un coup à la tête, fut aux portes de la mort. Il n'était pas encore bien guéri, que
commencèrent à bouillonner en lui les mêmes pensées de
conquête et d'agrandissement au sujet de la religion et des
domaines de son roi. Cependant, instruit par ses mal-
heurs, il comprit qu'il fallait relever la réputation du nom
espagnol et réunir une puissante armée avant de commencer aucune opération décisive.

Il sortit donc de ces montagnes, et il punit auparavant
la trahison de quelques caciques qui avaient égorgé de
petites bandes d'Espagnols dans les premiers désastres ;
ensuite, il se dirigea vers Mexico, entoura le lac, prit
diverses villes, protégea ses alliés et enfin bloqua la
capitale.

Le sort lui envoya divers renforts, tantôt des gens
qu'expédiait Velazquez, croyant que Narvaez avait triom-
phé, tantôt des aventuriers qui venaient chercher fortune.
Il ramasse aussi des armes, des chevaux, jusqu'à rassem-
bler une force de huit cent dix-huit arquebusiers et qua-
tre-vingt-sept chevaux, avec dix-huit pièces d'artillerie
et plus de soixante-dix mille Indiens.

Plusieurs fois il entama des négociations avant d'attaquer Mexico ; il tenta mille manières de conciliation
pour éviter la ruine d'une ville qui était la merveille du

Nouveau-Monde ; mais tout fut inutile. La fatalité pesait sur l'empire et fermait les oreilles de ses gouverneurs. Pour remplacer Montezuma, on avait nommé son frère Cuilahum, homme d'un caractère belliqueux et ennemi implacable des Espagnols. Il mourut quatre mois après, et Guatimozin lui succéda. C'était un prince entreprenant, intrépide, infatigable et qui se proposa de s'ensevelir sous les ruines de sa patrie.

Pour conquérir Mexico, il était indispensable de se rendre maître du lac, et pour dominer le lac, il était nécessaire d'avoir une marine. C'est ce que comprit le génie prévoyant de Cortez, et il ordonne, avant de sortir de Tlascala, à Martin Lopez, de construire treize bricks. Grâce au concours des charpentiers qui se trouvaient dans l'armée et celui des naturels, ces petits navires furent bientôt achevés, et le Nouveau-Monde se trouva présent au magnifique spectacle d'une armée navale traversant les montagnes, croisant les champs cultivés, transportée sur les épaules durant l'espace de quinze lieues. Avec ce secours, on réussit à nettoyer le lac de ses pirogues et à couper toute communication avec le continent, de telle sorte qu'il ne restât plus qu'un sérieux et étroit blocus.

La défense de Mexico peut être comparée, par l'obstination de ses habitants, à celle de Saragosse pendant la guerre de l'indépendance, et dans le système d'attaque employé contre les deux villes, il y a même une certaine analogie.

Le premier, Fernand Cortez chercha, comme les Français dans le premier siége de Saragosse, à s'emparer de vive force de la capitale, et voyant que les assauts répétés étaient infructueux, il commença par se placer au centre de la population, occupant la grande place de Tlatelolco. Mais les Mexicains firent semblant de céder à l'attaque ; ils laissèrent pénétrer les troupes invahissantes, et quand elles furent parvenues jusqu'à l'intérieur de la ville, ils firent tomber sur elles des bataillons embusqués dans les carrefours, pendant que du haut des terrasses on leur lançait toute sorte de projectiles.

Une grande terreur s'empara de l'armée alliée à cette attaque inattendue. Les Indiens et les Espagnols confondus, se foulant mutuellement, confièrent leur salut à la célérité de leur fuite, laissant leurs épaules désarmées aux coups des armes ennemies. L'armée qui bloquait la ville éprouva de grandes pertes dans cette déroute ; beaucoup de soldats y perdirent la vie, et plusieurs furent réservés pour voir verser leur sang devant les idoles. Pour la première fois depuis cette guerre, le désordre s'était mis dans les rangs espagnols, et sans l'aide de Cortez, qui accourut avec intrépidité, au plus grand péril de sa vie, pour porter secours aux fugitifs, peu de ceux que commandait le capitaine Alderété eussent échappé aux furieux Mexicains. Repoussés, les envahisseurs pleins de colère durent supporter l'affront de voir de leur camp les malheureux prisonniers monter les degrés de l'escalier du temple du Dieu de la guerre où les attendait le banquet du sacrifice.

Cet échec faillit renverser les plans de Cortez et peutêtre lui faire lever le siége, parce que les prêtres ennemis, pleins d'orgueil à la suite de cette victoire, annoncèrent, au nom de leurs divinités, qu'au bout de huit jours périrait l'armée assiégeante comme ennemie des dieux. Épouvantés, les Américains commencèrent à abandonner Cortez, et sans son influence, sans l'ascendant de son génie, l'expédition n'eut pas réussi. En vain il essaya de les détromper, en vain il les exhorta à regarder les prêtres comme de perfides imposteurs ; la seule chose qu'il put obtenir, ce fut qu'ils attendissent devant Mexico l'expiration des huit jours signalés, pour qu'ils fussent témoins de la fausseté de la prédiction et du triomphe qu'avec le courage seul des

Espagnols, et sans qu'à sa gloire eussent part les Indiens, il se promettait d'obtenir sur les Mexicains.

Pendant ce laps de temps indiqué, les auxiliaires restèrent dans la neutralité, et les Espagnols seuls gardèrent le blocus. Mais les huit jours passés, les Indiens, honteux de leur timide crédulité, vinrent chercher Fernand Cortez.

Alors le général imagina un autre système d'attaque, semblable à celui des Français au second siége de Saragosse. Il projeta d'aller s'emparer des édifices et de les détruire successivement. De cette manière, il s'avança, détruisant l'immense ville de Mexico. La population, déjà fatiguée par la famine et par les travaux continus du siége, ne trouva plus d'autre refuge que la huitième ou la dixième partie de la ville, où, rassemblée, elle servait de point de mire au feu castillan. Encore, dans une telle situation, on ne vit point fléchir le courage inflexible de Guatimozin ; il n'écouta aucune sorte de propositions. Entouré enfin de spectres sans vigueur pour manœuvrer les armes, et l'épidémie s'augmentant par l'infection des cadavres, épidémie que les souffrances et les privations avaient engendrée, il résolut de s'échapper par le lac, abandonnant ses sujets à leur sort. Prévenu de cette fuite, Cortez avait chargé Sandoval de rester en observation, et s'il voyait quelques pirogues mexicaines essayer de fuir, il avait l'ordre de les attaquer et de s'en rendre maître coûte que coûte. La chose fut faite, l'empereur et ses sujets se rendirent sans condition.

Une fois maître de Mexico, le premier soin du général fut d'assainir le reste de la population en faisant sortir provisoirement tous ses habitants. Puis il songea à la rebâtir avec plus de magnificence qu'antérieurement, chose qu'il réalisa, construisant des temples somptueux pour le culte chrétien, au lieu des abominables téocali, dans lesquels avait coulé le sang des victimes humaines.

La réputation de Cortez s'étendit jusqu'aux points les

plus reculés de cette partie du continent. Les rois, les caciques, envoyaient des ambassadeurs à l'homme surhumain qui avait pu réduire en poudre l'ancienne dominatrice qui tyrannisait les nations. Le roi de Mechuacan vint en personne examiner les ruines de la métropole, et les yeux remplis de larmes d'admiration, il demanda à être vassal d'un monarque qui commandait à des sujets si extraordinaires. Ainsi s'agrandirent les domaines de la couronne d'Espagne, plus par l'étonnement que causa à l'esprit des Mexicains la conquête de Mexico, que par la force des armes. Il ne suffisait pas d'avoir construit une grande capitale pour le nouvel empire mexicain, il était nécessaire aussi de le peupler. Dans ce but, Cortez y appela les Espagnols et les Indiens, et, dans peu d'années, il réussit à abriter dans les édifices nouvellement construits plus de trente mille âmes.

L'imagination grande et féconde de Cortez ne se contentait pas d'avoir soumis ces terres immenses au sceptre de ses rois, il voulut de plus embellir le riche joyau dont il avait doté la mère-patrie. Il fonda de nouvelles colonies, il menaça de priver de sa part de terres dans le Nouveau-Monde le colon qui, dans le terme de deux années, ne conduisait pas sa femme dans son établissement ou ne se mariait pas ; il obligea tous les vaisseaux qui se dirigeaient vers ces régions, de leur apporter toutes sortes de graines et de fruits de l'ancien continent ; il adopta des mesures efficaces pour favoriser l'agriculture, et si la Nouvelle-Espagne n'arriva pas à être le premier empire du monde, ce n'est point la faute de Fernand Cortez, mais celle du détestable système de gouvernement continué par la maison d'Autriche qui paralysa l'impulsion donnée par le grand conquérant. Cortez jeta de profonds et solides fondements sur lesquels l'inexpérience de ses successeurs ne sut élever qu'un indigne et fragile édifice.

Le reste de la vie de Fernand Cortez fut partagé

entre le chagrin que la jalousie de ses émules lui attirait, et entre plusieurs autres expéditions pour lesquelles il fallait autant de courage que pour la première, avec moins d'éclat dans leurs résultats. Son génie insatiable d'aventures et de grandes actions ne lui donnait pas un seul moment de repos. Mais le sort qui s'était plu à le conduire à de gigantesques entreprises et à lui aplanir tous les pas, quand il ne possédait ni richesse ni influence, se complut aussi à exercer ses grandes qualités dans d'inutiles desseins, quand il eut à sa disposition de plus grands moyens.

Ayant appris que Christophe d'Olid s'était révolté dans le Honduras, il envoya par mer François de las Casas pour l'arrêter. Ce dernier fit naufrage, et Cortez, craignant qu'il ne fût tombé dans les mains de son rival, se dirigea lui-même par terre pour punir le rebelle à la tête d'une division d'Indiens et d'Espagnols.

Quand il arriva, il trouva rétablie l'autorité légale, et ainsi furent inutiles les grandes souffrances, la grande fermeté d'âme déployée par le chef, et les inépuisables ressources que son imagination lui inspira pour vaincre les insurmontables difficultés qui à chaque pas arrêtaient sa marche.

Il se proposa de conquérir le Nicaragua et puis toutes les terres qu'il pourrait parcourir, formant dans sa tête des plans merveilleux et sans bornes. Cette fièvre d'aventures s'éteignit à la nouvelle des désordres causés par les autorités de Mexico pendant son absence. Il partit immédiatement pour s'y rendre.

Déterminé à faire de nouvelles découvertes, il fit partir différentes expéditions, et lui-même s'embarqua aussi, reconnaissant la côte des Californies. Mais ses premiers faits d'armes éclipsent toutes ses actions postérieures.

Si nous récapitulons brièvement les principaux traits qui caractérisent Cortez, nous trouverons en lui un de ces hommes nés pour entreprendre et accomplir de grandes prouesses et pour laisser derrière eux de profondes traces. Sa grande âme ne se payait que du merveilleux, et jamais il ne concevait un projet dont l'exécution ne touchât à l'impossible. Avec une foi très vive dans la réussite, dans ses entreprises, il n'y avait pas d'obstacle capable de le décourager ; au contraire, les difficultés, les revers, lui servaient d'aliment et augmentaient son imperturbable persévérance. Il se sentait né pour agrandir la religion chrétienne et les domaines de son roi, et jusqu'à son dernier soupir il ne perdit pas de vue son irrésistible vocation. Non content de la grande conquête de la Nouvelle-Espagne, il engagea ses immenses états et jusqu'aux joyaux de son épouse pour découvrir d'autres terres où il pût arborer la croix du Christ et le drapeau de Castille. Le nouveau continent lui semblait encore trop étroit pour ses desseins ; il voulut conquérir les Moluques, afin que ses rois ne reçussent pas les épices en échange d'autres marchandises, mais comme un tribut de leurs vassaux.

Son ardeur pour la religion dégénérait en fanatisme, et maintes fois aurait fait échouer la réussite de son expédition, sans la prudence du père d'Olmédo, qui refrénait son zèle.

La conquête finie, il appela d'Espagne de zélés missionnaires ; il sortit pour venir les recevoir et il leur baisa les mains, humblement prosterné jusqu'à terre, aux portes mêmes de la ville.

A l'heureux résultat de la campagne contribuèrent efficacement, on doit l'avouer, outre l'intervention du Père d'Olmédo, plusieurs circonstances favorables qui l'aidèrent d'une façon inattendue. Dans la seconde bataille contre les Tlascaltecas, sans la division des chefs ennemis, sa perte était sûre. Le sort le tira aussi des périls de la *nuit triste* et de la bataille d'Otumba. Et passerons-nous sous silence les services que lui rendait l'intéressante Dona Marina? Donnée à Cortez par le cacique de Tabasco, elle apprit bientôt l'espagnol et lui servit d'interprète auprès des Mexicains. Jeune, belle, tendre, aimante, elle adopta la patrie et la religion des Espagnols ; mais, en réalité, l'idole qu'elle adorait, c'était son seigneur et son amant. Participant à tous les périls, elle apparaissait toujours comme un ange de paix et de conciliation entre les Européens et les Américains. Elle expliquait l'Evangile à ses compatriotes et intervenait dans toutes les négociations. Dans la guerre de Tlascala, elle avertit que des soldats ennemis s'étaient introduits dans le camp sous le déguisement de marchands, et dans Cholula elle découvrit la terrible conspiration qui aurait exterminé Cortez et son armée. Tant de dons, tant de services, placent Dona Marina à une très grande distance des Briséis et des Tecmesses si célèbres dans l'antiquité. Dona Marina, enfin, a mérité les éloges de tous les historiens ; elle donna parmi les Indiens le nom de *Malinche* à Cortez, et ce nom lui est resté jusqu'à nos jours dans les traditions des Mexicains. Mais, quoique certaines circonstances accidentelles aient favorisé Fernand Cortez, il était nécessaire d'avoir encore un caractère et un génie immense pour profiter des dons de la fortune, pour ne pas succomber quand le sort lui refusait sa protection, et pour vaincre tant d'obstacles et tant de difficultés toujours renaissants.

On a parlé beaucoup de ses cruautés, très peu de sa clémence et presque pas de la sensibilité de son cœur. L'assassinat des Indiens sans défense à Cholula, la torture imposée à Guatimozin, et finalement sa mort, sont des taches que ne peuvent effacer les circonstances atténuantes qui accompagnèrent ces attentats. Mais quand nous le voyons découvrir une conspiration au siége de Mexico contre sa vie, s'emparer de la liste des conjurés, la déchirer et se contenter de punir l'instigateur Villafana, nous ne pouvons faire de moins que de louer sa clémence et la magnanimité de son âme.

Dans les environs de Cochimilco furent faits prisonniers à son côté deux de ses serviteurs, et cette figure inexorable se vit alors couverte de larmes, arrosant ainsi les lauriers qu'il venait d'obtenir. Dans la même journée, assis dans le fond d'un oratoire, il s'attendrit sur le triste sort qui menaçait la capitale. Lorsque la nécessité de sa conservation l'appelait à verser du sang, il le fit toujours par force et en déchirant sa poitrine. Plusieurs soupçons tombèrent sur Guatimozin, durant le voyage à Honduras, d'avoir pris part à une conspiration pour assassiner les Espagnols. Cortez se crut obligé de disposer de sa vie ; mais il ne put dormir pendant plusieurs nuits, et dans une d'elles, se promenant sans repos sur la plate-forme d'un temple, il tomba sur le sol et il se blessa grièvement à la tête.

Son caractère était composé d'un mélange de qualités opposées qu'il savait employer avec art et avec lesquelles il gagnait l'amitié de ses égaux, se faisait respecter par ses subordonnés et craindre de ses ennemis. Affable, généreux, il excitait les sympathies ; noble, impérieux, ferme, il inspirait l'admiration ; colère, inexorable, il lançait autour de lui l'épouvante. Ainsi il sut mettre un frein aux passions d'un ensemble d'aventuriers ridicules et orgueilleux, et ainsi il sut faire alliance avec les nations qui étaient auparavant dans des guerres continuelles, comme aussi les faire marcher d'accord pour la réussite de ses projets.

La bravoure touchait chez lui à la témérité. Prodigue de son sang, on le trouvait toujours disposé à secourir les siens en participant à leurs périls et en aventurant sa vie pour les sauver. S'il y a quelque chose qui puisse faire tache en lui, c'est sa témérité. Téméraire, comme nous l'avons déjà dit, fut sa première entrée à Mexico, et aucune de ses actions ne mérite comme celle-là d'être censurée. Autorisé par la trahison de Cholula, il pouvait déclarer ouvertement la guerre aux Mexicains. Alors que les Espagnols passaient pour être invincibles, toutes les nations indiennes eussent volé sous ses drapeaux et l'ennemi n'eut pas osé résister.

Si, contre toute probabilité, ils eussent prolongé le siége, se trouvant à la tête d'une armée nombreuse, sans difficultés et sans risques, il eut pu marcher contre Narvaez et il eut aussi épargné la déroute de la *nuit triste*. Dans peu de temps et avec peu de forces, il aurait pu se rendre maître de Mexico.

Nous n'approuvons pas non plus la facilité avec laquelle il aventurait sa personne, compromettant ainsi la réussite de l'entreprise, et peut-être l'existence de ses compagnons, chose parfois qui dépendait du génie de Cortez. Dans diverses occasions, il se sauva miraculeusement. Quand il prenait d'assaut le grand temple de Mexico, il dut se battre longtemps sur la plate-forme qui formait la partie supérieure. Au milieu du combat, deux Indiens le saisirent et se précipitèrent en bas avec l'intention de le faire tomber avec eux. Dans la prise de Cochimilco, il fut fait prisonnier et il dut son salut à l'engagement qu'on prit de le conserver vivant pour le sacrifier, les siens ayant du temps pour le reprendre. Aussi, quand il essaya de s'établir au centre de Mexico, il fut repoussé, et il était sur le point de périr dans le canal, où il servit de point de mire pendant longtemps aux coups des ennemis. Avec tout cela, on peut le dire à sa louange, son entreprise portait avec elle le cachet de la témérité; mais, sans cette témérité, il ne l'aurait pas seulement préméditée.

Ceux-là même qui donnent tant d'importance à cette accusation sur laquelle nous nous sommes appesantis à dessein, ne pourraient pas moins s'empêcher d'admirer ce courage surhumain qui s'enflammait à la vue du péril, cette grandeur d'âme supérieure à tous les obstacles, cette constance qui triomphait à la fin de toutes les difficultés qui lui survenaient à l'encontre. Mais plus d'une fois il se vit dans des périls où ni la force, ni la prudence humaine ne pouvaient lui prêter secours ; mais alors le héros , recevant des inspirations de la difficulté de sa situation , trouvant des ressources dans son génie et dans son courage, et triomphant, obligeait l'adversité à se déclarer vaincue.

Les grandes qualités qui se trouvaient réunies en Fernand Cortez le présentent comme un des hommes les plus extraordinaires qui aient existé, et les éminents services rendus à sa patrie et à l'humanité tout entière lui assurent la reconnaissance des générations futures. Cortez a doté sa patrie d'opulentes et immenses régions d'où l'on devait tirer ces richesses qui aidèrent à sa prospérité et à son agrandissement. Il rendit aussi à la civilisation des peuples incultes, qui ignoraient plusieurs de nos arts et de nos connaissances scientifiques, et dont la féroce religion ordonnait des sacrifices humains. Si l'Espagne changea les trésors du Mexique en des chaînes qui reduisaient de plus en plus ses abondantes facultés à devenir tout-à-fait stériles ; si le Nouveau-Monde, loin d'entrer dans le chemin d'une perfection illimitée, reçut une civilisation stationnaire et servit de siège au fanatisme , on doit en rejeter la faute sur le détestable gouvernement d'Espagne et nullement sur Fernand Cortez.

Qu'on ne croie pas que j'approuve entièrement la conduite des conquérants. Je ne considère pas comme légitime la prédication de l'Evangile avec l'éloquence de l'épée. Je ne crois pas non plus que les Espagnols fussent autorisés à entrer dans le territoire de Tabasco et de Tlascala sans la volonté de leurs habitants. Le propos de Fernand Cortez de porter à Montezuma une ambassade qu'il ne voulait pas entendre ne peut pas être admis ; mais la perfidie de l'empereur à Cholula a autorisé le général espagnol à déclarer la guerre aux Mexicains et à conquérir leur capitale.

De quelque manière qu'on considère cet évènement, même les plus rigides censeurs de Fernand Cortez se

verront forcés d'accorder leur admiration au courage irrésistible, à la constance infatigable et aux grands talents
administratifs et militaires qui furent déployés par ce chef.

FIN.

Toulouse, typ. Mélanie Dupin, rue de la Pomme, 28.

102

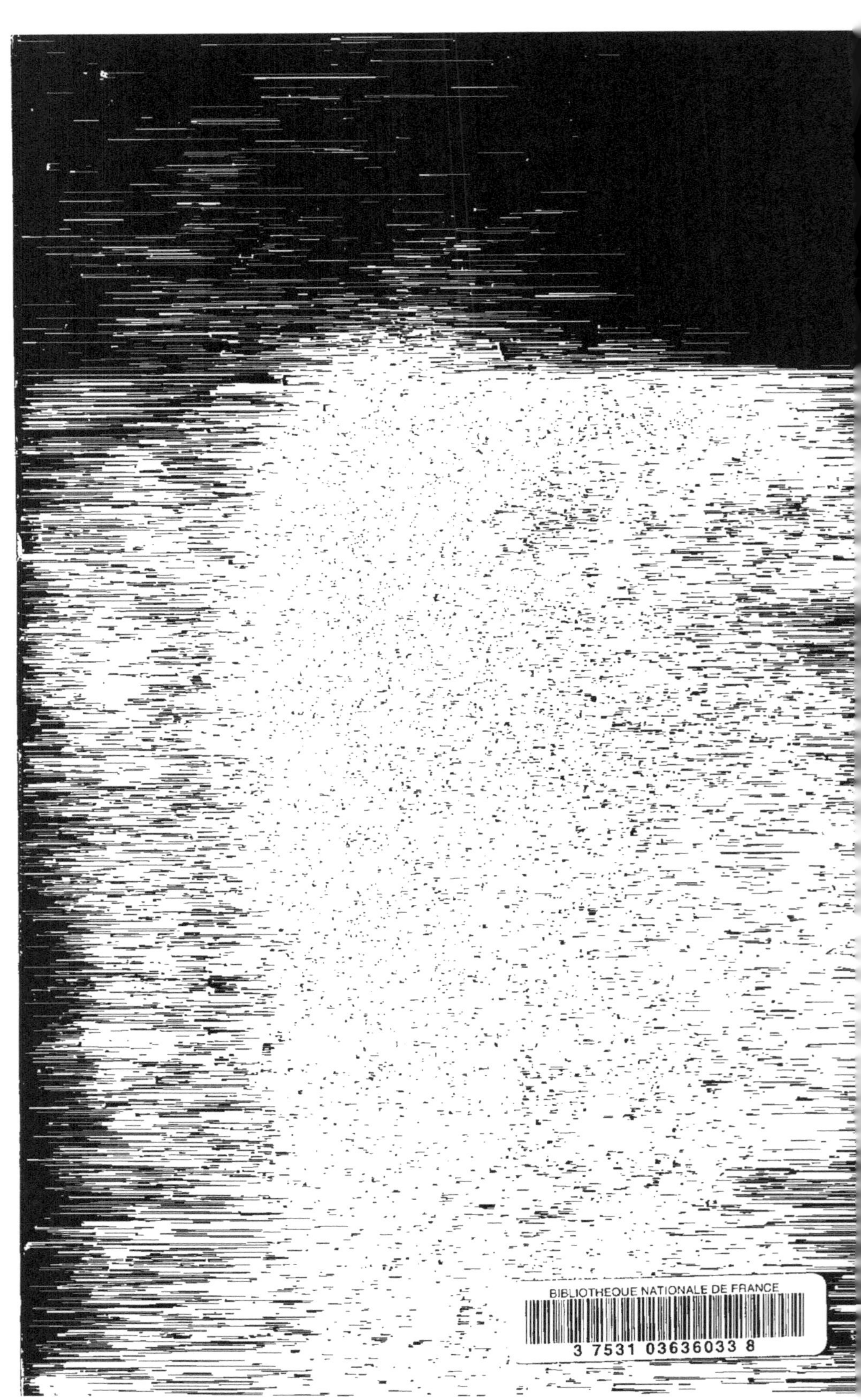

9 782012 489653